RÉPONSE

A LA DÉNONCIATION

DE

M. MÉHÉE DE LA TOUCHE,

CONTRE LES MINISTRES DU ROI.

PAR M. GOUIN,

Ancien Chef de division des Postes.

PARIS,

IMPRIMERIE DE LE NORMANT, RUE DE SEINE.

1814.

RÉPONSE

A LA DÉNONCIATION

DE

M. MÉHÉE DE LA TOUCHE.

QUAND on a lu l'article inséré le 4 octobre 1814 dans le Journal des Débats, où l'on a reconnu le pinceau d'un écrivain célèbre, qui, par la force du raisonnement, porte la conviction dans toutes les âmes, il semble que l'on pourroit se dispenser de répondre encore à ces brochures scandaleuses dont la publicité ne peut avoir de dangers que pour ceux qui en sont les auteurs; cependant, l'ouvrage de M. Méhée contenant des faits qui m'ont paru de nature à être discutés, j'essaierai de remplir cette tâche; et si, comme il le dit, cet ouvrage lui a attiré des reproches et mérité des remercimens, on pourra juger par cette discussion si les remercimens lui ont été adressés par ses vrais amis, ou plutôt par des ennemis de l'ordre et de la tranquillité publique.

Je n'ai l'honneur d'être connu d'aucun des ministres sujets à la responsabilité : ma réponse

ne sera donc point, je l'espère, accusée de flat-
terie : l'intérêt seul de la vérité : voilà mon motif
et mon but. Lorsque le Roi, secondé par ses
ministres, ne travaille que pour le bonheur de la
France, il est affligeant de voir encore des écrits
portant le titre odieux de *Dénonciation* : ce mot,
qui rappelle tant de malheurs et de crimes, de-
vroit être retranché même de nos dictionnaires,
si cela étoit possible. Mais entrons en matière.

M. Méhée se plaint *de ce que les ministres ont
dénaturé l'esprit et la lettre des nouvelles ordonnances, et détruit l'excellent esprit public qui
avoit accueilli le retour des Bourbons.*

Certes, voilà une accusation grave ; mais
quand je sors des Tuileries, où j'entends tous les
jours, depuis le retour du Roi et de la famille
royale, les acclamations et les bénédictions de
tout un peuple ; quand je lis celles que recueillent
MONSIEUR et les princes ses augustes enfans, dans
toutes les parties de la France ; quand je vois tous
les yeux se remplir de larmes d'attendrissement au
seul aspect d'une princesse dont les malheurs rappellent des souvenirs si douloureux ; quand je
vois toute l'armée faire éclater son dévouement
et sa fidélité pour son Roi, je suis bien tenté de
croire que cet excellent esprit public n'est affoibli
que dans la rue du Paon, habitée par M. Méhée,
et cela me rassure tout-à-fait. Mais voici un grief
non moins étrange.

M. Méhée se fâche très-sérieusement contre les
ministres ; parce qu'ils emploient dans les ordon-

nances du Roi cette antique formule : Louis, par
la grâce de Dieu; il la trouve *banale et superflue*, et voudroit qu'on la remplaçât par celle-
ci : *Louis, rappelé par l'amour de ses peuples.*

J'ignore si M. Méhée a fait aux ministres de
Buonaparte le reproche d'avoir employé cette
formule superflue : *Napoléon, par la grâce de
Dieu*, qu'il a prise quelques mois après l'assas-
sinat de Mgr le duc d'Enghien; il eût été juste de
la trouver déplacée dans les lois du tyran, qui
n'avoient toutes pour but que de ruiner et de
dépeupler la France; mais lorsque Louis XVIII
ne fait des ordonnances que pour réparer tant
de maux, jamais cette formule, *Louis, par la
grâce de Dieu*, ne fut mieux employée, et, si
elle n'eût pas existé, il auroit fallu l'inventer : elle
est consacrée par plus de quatre siècles, et je ne
pense pas que M. Méhée pousse sa haine pour
les anciennes institutions jusqu'à vouloir étendre
son acte d'accusation sur tous les ministres des
Rois, depuis Charles VII (1) jusqu'à Louis XVIII.

Le ministère des relations extérieures, où il a
exercé une place de chef, est, comme on sait,
le dépôt des formules et des protocoles usités dans
notre monarchie. Pourquoi donc lui, qui doit
les connoître mieux que personne, voudroit-il
qu'on innovât aujourd'hui, quand tout nous
oblige, au contraire, à revenir aux anciennes

---

(1) On croit que cette formule commença d'être employée sous
Charles VII.

maximes, et surtout à celles qui rappellent aux peuples les idées religieuses, et le respect dû à la personne sacrée de nos Rois?

Mais, dira-t-on, Buonaparte a avili cette formule en s'en servant. Quoi donc! un comédien qui, sur des tréteaux, remplit d'une manière ignoble les rôles de rois ou d'empereurs, avilit-il pour cela la majesté des Rois et des Empereurs? Et, lorsque vos sans-culottes, d'horrible mémoire, s'intitulaient souverains, ont-ils pu avilir aussi la véritable souveraineté? Non, sans doute; ce sont de ces caricatures dont on s'amuse un moment, et qu'on livre au mépris et à l'oubli le moment d'après.

Croyez-moi, M. Méhée, il est bien temps que nous reprenions l'habitude de voir le saint nom de Dieu placé partout où il doit l'être; et c'est par là qu'a dû commencer la restauration de la Monarchie. N'irez-vous pas aussi, dans votre mauvaise humeur, censurer le sacre de nos Rois, cette cérémonie religieuse, révérée du peuple français? Ah! je vous en prie! faites grâce au roi Pepin (1) en faveur de celle que veut bien vous faire Louis XVIII.

M. Méhée préféreroit donc la formule: *Louis, rappelé par l'amour de son peuple* S'il est dans l'erreur, on doit au moins louer son intention; mais ce n'est là qu'un vœu du peuple,

---

(1) Premier Roi qui fut sacré en France, en 751, à Soissons, par saint Boniface.

et ce vœu ne peut servir de formule à des ordonnances : il n'est convenable que dans une harangue,
ou dans un discours oratoire, parce qu'il est l'ex-
pression d'un sentiment comprimé pendant plus
de vingt ans dans le cœur des Français. D'ailleurs
le mot *rappelé*, pris dans son véritable sens, ne
peut être applicable au Roi. Si pendant le long
règne des tyrans de la France le peuple français
eût pu les chasser, reprendre sa liberté, et en-
voyer au Roi une députation pour le supplier de
remonter sur son trône, il auroit été, par cette
démarche, véritablement *rappelé;* mais la Providence ayant suscité au dernier de nos tyrans
des ennemis qu'il avoit provoqués, et qui l'ont
terrassé, le Roi, libre alors de revenir en France,
il a suffi, comme on l'a dit avant moi, d'une co-
carde blanche, et d'un cri de *vive le Roi!* pour le
replacer sur un trône qui n'avoit jamais pu être
vacant, suivant cette maxime reconnue depuis
l'existence de la monarchie : *Le Roi ne meurt
jamais en France; le Roi mort, vive le Roi!*

Ainsi, le droit du Roi ayant toujours existé,
l'exercice n'en avoit été que suspendu par son
absence; et c'est au moment où le Ciel nous l'a
rendu que les vœux et la joie du peuple ont
éclaté dans toutes les parties de la France.

Que conclure de tout ceci ? Que les ministres
n'ont point dénaturé la lettre des ordonnances,
et que, loin de détruire l'esprit public, ils l'amé-
liorent encore, soit par une administration sage,
modérée, soit en acquittant les dettes immenses

du tyran, et surtout en payant cette brave armée qui se sacrifioit pour lui, qu'il ne nourrissoit
pas, et qu'il laissoit mourir sans secours, en
abandonnant les blessés sur le champ de bataille.

Passons en revue les autres griefs ; en voici un
d'une espèce nouvelle :

M. Méhée reproche à M. de l'abbé Montesquiou
d'avoir dit, dans un discours à la Chambre des
Députés, *que Dieu avoit permis le règne des
Jacobins*, et M. Méhée trouve plaisant de répondre à cela *que le règne des comités et tribunaux révolutionnaires avoit été établi aussi
par la grâce de Dieu*. M. Méhée me permettra
de lui dire qu'il met une plaisanterie de bien
mauvais goût en opposition avec le mot très-
moral de M. l'abbé de Montesquiou. Il y a, en
effet, une très-grande différence entre ce que
Dieu permet, et ce qu'il accorde par sa grâce :
Dieu permet un malheur, afin qu'il serve de le-
çon ou de punition : mais ce malheur n'est point
un effet de sa grâce, c'est un effet de sa justice :
ainsi, Dieu a permis que des factieux, se succé-
dant en France, fissent cinq ou six constitutions
plus folles ou plus malheureuses les unes que les
autres, pour nous punir d'avoir détruit celle qui
nous rendoit heureux ; qui peut résister à cette
évidence ? Dieu a permis aussi que M. Méhée fît
sa dénonciation contre les ministres, pour faire
triompher la vérité contre la calomnie.

Il reproche encore aux ministres de dater les
ordonnances du Roi de l'an dix-neuvième de son

règne ; et ces dix-neuf ans lui tiennent fortement
au cœur : voulez-vous savoir pourquoi ? C'est
qu'à son avis les ministres rendent le Roi responsable de tous lés malheurs de la France : et qui
le croiroit ? il s'attendrit sur cette responsabilité du
Roi pendant ces dix-neuf ans. Je ne répondrai
qu'un mot à M. Méhée : si un voleur le chas-
soit de sa maison pour s'en emparer ; si, vou-
lant ensuite y rentrer, il étoit menacé d'être poi-
gnardé, et qu'il fût obligé de rester éloigné pour
conserver sa vie, je le lui demande à lui-même, se
croiroit-il responsable des désordres qui auroient
été commis dans sa maison pendant son absence ?

M. Méhée revient encore à ses **dix-neuf ans**,
et dit : *Veut-on nous prouver que tous nos actes,
depuis dix-neuf ans, sont autant de crimes et de
rebellions ?*

Eh ! qui veut donc vous le prouver ? Ce seroit
prendre un soin bien superflu, car les factieux ont
tout prouvé eux-mêmes. Ils ont prémédité leurs
crimes, ils les ont calculés, ils les ont avoués,
ils s'en sont vantés, ils les ont chantés : que voulez-vous de plus ? Ne parlez donc point de *vos
actes*, et puisque le Roi veut bien les oublier,
rendez du moins grâce à sa clémence.

M. Méhée se plaint (et de quoi ne se plaint-il
pas ?) il se plaint *de ce que les prêtres, les écri-
vains, les journalistes, ont proclamé à l'envi ces
commémorations funéraires en l'honneur de
tout ce qui a péri victime de son attachement à
l'un des partis qui ont divisé la France.*

Ce parti-là, M. Méhée, n'avoit pour lui que ses vertus et son innocence; mais dites-moi, s'il vous plaît, étoit-ce l'innocence qui trouvoit grâce devant des juges à qui l'on ne peut pas seulement accorder le nom d'hommes ? J'y ai passé à ces tribunaux sanguinaires. Eh bien, apprenez que tous les partis y étoient également sacrifiés: amis du Roi, amis de Marat, amis de Robespierre, rien n'étoit excepté. Ces commémorations sont donc faites pour tous, la piété les réclame, et l'Église les accorde à tous indistinctement. Devez-vous vous étonner que l'on fasse aujourd'hui de la France ce que vous nommez *un vaste larymatoire*, quand on en avoit fait un vaste cimetière ?

Que diroient nos ministres, poursuit monsieur Méhée, *si l'on choisissoit ce moment pour renouveler les hommages funèbres que nous avons rendus jadis aux hommes qui ont péri le 10 août, dans la lutte du peuple contre ce qui étoit resté de défenseurs du trône ?*

Quelle lutte ! et quel peuple ! pourquoi rappeler cette fatale journée, si près des massacres de septembre, où votre nom figure si malheureusement avec ceux des ordonnateurs de ces crimes épouvantables? Croyez-vous qu'on ait oublié que certains messieurs de l'assemblée législative se sont disputé l'honneur de cette journée impie et sacrilège ? Lisez les Mémoires en deux volumes de la dame Rolland, femme de ministre, vous y verrez le comble du délire révolutionnaire; vous y verrez un projet

que l'enfer même n'auroit pas imaginé, et le
voici :

Trois députés de cette assemblée soupent en-
semble peu de jours avant le 10 août ; un des
trois étoit le capucin Chabot. J'ai oublié le nom
des deux autres. L'un des convives dit :

« Messieurs, il est important, dans ce moment-
» ci, de donner un grand tort à la cour pour
» soulever le peuple contre elle. Il faut qu'un de
» nous trois soit assassiné. Si vous voulez me
» tuer, je me dévoue. — Très - volontiers,
» répondent les deux autres ; ton plan est su-
» blime, il faut l'exécuter, et l'on mettra ta
» mort sur le compte du Roi. — Eh bien, dit
» l'honnête victime, rendez - vous demain à
» dix heures du soir, rue Saint-Louis, près la
» rue de l'Echelle ; j'y serai. » Il s'y rendit en
effet ; mais ses deux amis, manquant aux pro-
cédés de l'amitié, ne jugèrent point à propos
de s'y rendre, et laissèrent à leur confrère la
honte de vivre.

Vous parlerai-je, après cela, du *roi Pétion* (1),
qui avoit séduit, soulevé, soudoyé tant de malheureux, pour exécuter, le 10 août, ses projets
régicides ? Non : il suffit de dire que toutes les vic-
times de cette journée sont au nombre des martyrs
de la révolution, et qu'elles ont une part égale dans
les commémorations dont vous vous plaignez.

----

(1) Maire de Paris au 10 août, mort de faim et de misère, et
dont le corps a été trouvé dans les champs mangé par les corbeaux.

Si l'émigration, dit encore M. Méhée aux *ministres, nous venoit reprocher les pertes qu'elle a faites, vous lui rappelleriez la réponse que fait un personnage de la fable à la lionne, qui déploroit la perte de son faon :*

> . . . . Ma commère,
> Ceux que vous avez étranglés
> N'avoient-ils ni père ni mère?
>
> LA FONTAINE.

M. Méhée n'est pas heureux dans ses compa-raisons. Celle-ci conviendroit bien aux Carrier, aux Joseph Lebon, et à beaucoup de ces mes-sieurs qui noyoient et fusilioient en masse ; mais ceux que les émigrés *ont étranglés* se portent à merveille, je vous en réponds.

De grâce, M. Méhée, parlez avec plus de respect d'un corps de braves militaires à qui la France eût élevé des autels si leur valeur, en-chaînée dans les plaines de Champagne, leur eût permis de venir briser les fers du meilleur des Rois, et délivrer leur patrie. Ce qu'ils n'ont pu faire en 1792, d'illustres étrangers l'ont fait à la fin de mars 1814, et par cet événement mémorable, la Providence elle-même a justifié le dévouement des émigrés à la cause sacrée qu'ils défendoient.

M. Méhée prétend *qu'on brave insolemment la volonté du Monarque, en chassant de tous les emplois publics des hommes qui, dans le procès de Louis XVI, ont montré une opinion*

*fatale à ce malheureux prince. Mais, dit-il,
depuis quand des hommes établis juges par une
grande nation, sont-ils responsables de l'arrêt
que leur conscience, bien ou mal éclairée, leur
a dicté ?*

Je ne sais si les votans à la mort avoient une
conscience ; je ne sais si on les chasse de leurs
emplois : mais si j'étois à leur place, je me chas-
serois moi-même, et, ne pouvant plus prétendre
à l'estime du public, je tâcherois du moins de
mériter sa pitié.

Quant aux pouvoirs qu'ils disent avoir reçus
d'une *grande nation*, je crois qu'il est permis de
penser que ces pouvoirs-là sont frappés de nul-
lité, car il est difficile de juger si, à cette mal-
heureuse époque, il y avoit en France un corps
de nation qui fût libre. On croit pouvoir tout
justifier en s'étayant de la *grande nation*. Ne
sait-on pas qu'il y a eu en France autant *de nations* que de constitutions? Si toutes *ces nations*
se sont détruites elles-mêmes, après nous avoir
accablés de leurs lois, dites-nous donc laquelle
de ces nations est la véritable nation française :
car je ne reconnois point pour telle ni la nation
qui a fait les 5 et 6 octobre, ni celle du 20 juin,
ni celle du 10 août, ni celle de vendémiaire, ni
celle de fructidor, ni celle de Saint-Cloud qui a
vendu la France à un Corse.

Non, M. Méhée, la véritable nation française
est celle qui envoya des députés aux états-géné-
raux en 1789; elle n'est point coupable des crimes

qu'une minorité factieuse ou trompée a fait com-
mettre. Ce n'a pas même été la majorité de la
convention qui a rendu le fatal arrêt contre le
Roi : il est prouvé qu'il s'en falloit de six voix
que cette majorité ne fût complète.

M. Méhée prétend *que les votans, et ceux qui
ont approuvé l'arrêt, composent aujourd'hui
une armée de deux millions d'hommes qui se
trouvent obligés de se mettre en défense contre
l'attaque impolitique de ceux qui ont dispersé
son avant-garde.*

Rassurons-nous; cette armée de deux millions
d'hommes n'est rangée en bataille que sur la
cheminée du cabinet de M. Méhée ; ainsi, elle
n'est pas redoutable, et l'avant-garde dont il
parle, se trouvant toujours à la disposition du
gouvernement, j'ose assurer, sans craindre d'être
démenti, que les braves qui la composent, pré-
féreront de se ranger sous les drapeaux du Roi
plutôt que de suivre ceux du général Méhée,
dont la tactique n'est pas tout-à-fait en harmonie
avec les principes d'honneur des militaires
français.

Je ne répondrai point à M. Méhée sur l'article
de la liberté de la presse : la loi étant rendue, il
ne peut plus avoir que le plaisir de dénoncer la
Chambre des Pairs et celle des Députés, si cela
lui convient.

J'arrive enfin au terme de la discussion : il ne
me reste plus qu'à rassurer M. Méhée sur les
suites fâcheuses qu'il craint de la capitulation

que le gouvernement fait dans ce moment avec les Suisses; il regarde cette capitulation comme impolitique, parce qu'il a peur des Suisses, dont les compatriotes ont été massacrés à Paris, le 10 août. Il seroit difficile de guérir M. Méhée de la peur; mais je puis l'assurer qu'un corps d'armée suisse obéissant aux lois militaires, est incapable de se venger quand le Roi pardonne. Je puis l'assurer encore que, comme ces capitulations sont en usage en France depuis plusieurs siècles, l'armée française reverra sans jalousie ces bons Suisses auxquels dans tous les temps elle a accordé l'estime qui leur est due.

Le lecteur peut juger qui, de M. Méhée ou de moi, s'est trompé. S'il reconnoit son erreur, il seroit beau de l'abjurer, et plus sage de se livrer comme tous les Français à l'espoir du bonheur que promettent enfin à notre patrie, le génie et les vertus du Monarque que le ciel nous a rendu.

Je crois donc que tout ce que M. Méhée pourroit faire de mieux à présent, ce seroit de chanter avec nous

Domine, salvum fac Regem.